¿Es tu sombrero?

por Marisa Gast
ilustrado por Teo Puebla

Scott Foresman

Editorial Offices: Glenview, Illinois • New York, New York
Sales Offices: Reading, Massachusetts • Duluth, Georgia
Glenview, Illinois • Carrollton, Texas • Menlo Park, California

Óscar y Ángel son amigos.
Siempre caminan por la playa.

Un día encontraron un sombrero.
El sombrero no era de Óscar.
El sombrero no era de Ángel.

Óscar dijo que cayó del cielo.

Ángel dijo que fue el viento.

Óscar y Ángel se sentaron.
Los amigos querían hacer algo.

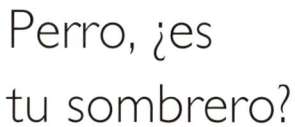

Los amigos vieron a Plumitas.
Plumitas estaba llorando.

Óscar y Ángel estaban felices.
Plumitas estaba feliz.
Siempre es bueno ayudar.